Ponys leben am liebsten in einer großen Gemeinschaft. Genau wie bei den großen Pferde gibt es Ponys in vielen unterschiedlichen Rassen, Größen und Farben.

Wo können wir Ponys kennen lernen?

Auf einem Ponyhof kannst du erste Bekanntschaft mit Ponys machen. Alle grasen draußen an der frischen Luft. Bei praller Sonne und schlechtem Wetter schützt der große Offenstall.

Wer hat da geäpfelt?

Ponys sind nicht gern allein.
Sie sind Herdentiere. Eine Herde
ist eine große Pferdefamilie.
Der Vater ist der Hengst,
die Pferdekinder heißen Fohlen
und die Mutter heißt Stute.
Die älteren Fohlen, die Jährlinge,
toben gern wild.

Frisches Wasser
kommt aus
der Selbsttränke.

Wie kommt ein Ponyfohlen zur Welt?

Eine Stute hat sich abseits hingelegt.
Sie bringt ihr Fohlen zur Welt.
Es ist ganz nass.
Die Mutter leckt es zärtlich trocken.

Schon bald versucht es aufzustehen.
Das ist nicht einfach mit vier viel
zu langen Beinen! Jetzt kann es
endlich bei seiner Mutter trinken.
Müde schläft es in ihrem Schatten ein.

Wer versorgt die Ponys auf dem Ponyhof?

Schon früh am Morgen füttert die Pferdepflegerin frisches Heu. Mehr brauchen Ponys nicht, die grasen können. Von Hafer, Mais oder Pellets werden sie nur dick.

Der Hufschmied schneidet überschüssiges Horn mit dem Hufmesser weg.

Regelmäßig kommt der Tierarzt und schaut nach, ob alle Ponys gesund sind. Heute impft er gegen Husten.

Ein Pony soll verreisen.
Der Transporter steht schon bereit.
Vorher muss es noch sorgfältig geputzt werden.

Wie heißt was?

Bei Ponys und bei Pferden haben manche Körperteile einen besonderen Namen. Auch für die Dinge, die du zum Reiten brauchst oder die in einen Pferdestall gehören, gibt es besondere Fachausdrücke.

Kannst du dir einige davon merken?

Bella
Stallbesen
Mistgabel
Steigbügel
Sattel
Satteldecke
Sattelgurt

Was sagt uns ein Pony?

Uih ih ih ih ih!

Sieh dich einmal auf dem Ponyhof um und überlege, welches Pony sich über deinen Besuch freut.

Ein freundliches Pony spitzt die Ohren und schaut dich an. Es beschnuppert deine Hand, um deinen Geruch kennen zu lernen. Hoffentlich hast du ihm etwas Leckeres mitgebracht. Gib es ihm auf der flachen Hand.

Mäuschen
Flegel
Schlappi
Kessy

Was mögen Ponys?

Ponys sind nicht gern allein. Gemeinsam grasen sie auf der Weide und schmusen miteinander. Das macht ihnen Spaß.

Schon die kleinen Fohlen spielen am liebsten Mähnen kraulen.